七夕

◎◎ 主编 金开诚

◎ 编著 贾光宇

吉林出版集团有限责任公司

吉林文史出版社

图书在版编目（CIP）数据

七夕 / 贾光宇编著. —长春 ：

吉林出版集团有限责任公司 ：吉林文史出版社，2010.11
ISBN 978-7-5463-4103-3

Ⅰ．①七… Ⅱ．①贾… Ⅲ．①节日－风俗习惯－简介
－中国 Ⅳ．①K892.1

中国版本图书馆CIP数据核字(2010)第222261号

七 夕

QIXI

主编/ 金开诚 编著/贾光宇

项目负责/崔博华 责任编辑/崔博华 刘姝君

责任校对/刘姝君 装帧设计/柳甫泽 王丽洁

出版发行/吉林文史出版社 吉林出版集团有限责任公司

地址/长春市人民大街4646号 邮编/130021

电话/0431-86037503 传真/0431-86037589

印刷/ 北京德富泰印务有限公司

版次/2011年1月第1版 2011年1月第1次印刷

开本/640mm×920mm 1/16

印张/9 字数/30千

书号/ISBN 978-7-5463-4103-3

定价/19.80元

前　言

　　文化是一种社会现象，是人类物质文明和精神文明有机融合的产物；同时又是一种历史现象，是社会的历史沉积。当今世界，随着经济全球化进程的加快，人们也越来越重视本民族的文化。我们只有加强对本民族文化的继承和创新，才能更好地弘扬民族精神，增强民族凝聚力。历史经验告诉我们，任何一个民族要想屹立于世界民族之林，必须具有自尊、自信、自强的民族意识。文化是维系一个民族生存和发展的强大动力。一个民族的存在依赖文化，文化的解体就是一个民族的消亡。

　　随着我国综合国力的日益强大，广大民众对重塑民族自尊心和自豪感的愿望日益迫切。作为民族大家庭中的一员，将源远流长、博大精深的中国文化继承并传播给广大群众，特别是青年一代，是我们出版人义不容辞的责任。

　　本套丛书是由吉林文史出版社和吉林出版集团有限责任公司组织国内知名专家学者编写的一套旨在传播中华五千年优秀传统文化，提高全民文化修养的大型知识读本。该书在深入挖掘和整理中华优秀传统文化成果的同时，结合社会发展，注入了时代精神。书中优美生动的文字、简明通俗的语言、图文并茂的形式，把中国文化中的物态文化、制度文化、行为文化、精神文化等知识要点全面展示给读者。点点滴滴的文化知识仿佛颗颗繁星，组成了灿烂辉煌的中国文化的天穹。

　　希望本书能为弘扬中华五千年优秀传统文化、增强各民族团结、构建社会主义和谐社会尽一份绵薄之力，也坚信我们的中华民族一定能够早日实现伟大复兴！

目录

一、七夕传说

每年农历七月初七，是我国的传统节日——七夕节。"七夕节"又称"乞巧节""女儿节"或"中国情人节"。

七夕节源于汉代，东晋葛洪《西京杂记》中记载："汉彩女常以七月七日穿七孔针于开襟楼，人俱习之。"这是我们目前所知有关七夕的最早的文献资料。古代妇女七夕乞巧也屡屡在唐诗宋词中被提到，唐朝王建有诗说道："阑珊星斗缀珠光，七夕宫娥乞巧忙。"据史书记载，

每逢七夕，唐太宗便与妃子在清宫夜宴，宫女们也受皇帝影响各自乞巧，这一习俗在民间经久不衰，代代延续。

宋元时期，七夕乞巧非常隆重，京城中还设有专供人们买卖乞巧物品的市场，称为"乞巧市"。人们从七月初一便开始为此准备，到了初七那天，乞巧市人山人海，万人空巷，其热闹和受人们欢迎的程度不亚于最盛大的节日——春节，这说明乞巧节在古代是十分受人重视的，是人们最喜欢的节日之一。

然而，清代以后，七夕与其他一些传统节日一样，逐渐被人们淡忘。2006年5月20日，七夕节被国务院列入第一批国家非物质文化遗产名录，许多民俗学者与商家也极力复兴七夕，七夕又重新回到人们的视野当中。七夕等传统节日的复兴意义深远，尤其对于年轻人来说意义重大——使他们更深入地了解了中国的传统文化，更好地继承民族传统美德，增强民族自豪感。

"两情若是久长时，又岂在朝朝暮暮！"七夕节是一个美丽的节日，是一个让青年男女情愫萌生，让旅人思妇柔肠寸断的日子。这皆因它与一段美丽动人的爱情传说紧密相连——牛郎织女的传说。牛郎织女的传说是我国四大民间爱情传说之一，千百年来感动了一代又一代的有情人。

除此之外，魁星传说也丰富了人们

的精神世界，是我国宝贵的传统文化遗产。

（一）牛郎织女的传说

1.牛郎织女传说的演变

牛郎、织女之名始见于《诗经·小雅·大东》："维天有汉，监亦有光。跂彼织女，终日七襄。虽则七襄，不成报章。睆彼牵牛，不以服箱。"意思是说，

天上有条银河，虽有亮光，却照不见人影。织女星座有三颗星，每天要移动七次位置，看起来很忙碌，却织不出一块布匹。牵牛星真明亮，可惜也徒有其名，不能用来拉车。显然，这首诗中的牛郎、织女，只不过是将两个星宿人格化，还谈不上是传说。

　　一直到汉代，文献中才有了牛郎、织女情感故事的记述："迢迢牵牛星，皎皎河汉女。纤纤擢素手，札札弄机杼。终日不成章，泣涕零如雨。河汉清且浅，相去复几许？盈盈一水间，脉脉不得语。"这是汉代无名氏所作的名篇，被南北朝时的文人连同其他十八首诗歌编在一起，名为"古诗十九首"。此诗是秋夜即景之作，描写了织女隔着银河遥思牛郎的愁苦心情：牵牛星啊相隔得那样遥远，银河那边的织女在期盼你。她摆动着细长柔软的手，梭札札不停地穿梭织布。整日整夜她织不成一匹布，相思泪如雨珠点点滴滴。银河流水清清亮亮可以见底，织女牛郎就相隔这样一段距离。可正是那清亮的一水之隔，他们含情脉脉却不能相互说话。

将织女与牛郎的悲剧故事加上一个喜剧结尾，大约发生在汉武帝时期。《太平御览》上记载了七月七日汉武帝与西王母多次聚会的传说，表明七月七日已是人神交游的良辰吉日。而西王母降临前常有青鸟探看，又为汉代将乌鹊融入牛

郎织女的传说提供了依据。汉代民间认

为鹊重感情，"鹊脑令人相思"，因此汉

代有与乌鹊相关的巫术，《淮南万毕术》

中记载："取雌雄鹊各一，燔之四通道，

丙寅日，与人共饮酒，置脑酒中则相思

也。"由鹊之导行、相思的特征，逐渐演

变出乌鹊搭桥的传说。东汉应劭的《风

俗通义》："七夕织女当渡河，使鹊为桥，

相传七夕鹊首无故皆髡，因为梁以渡织

女故也。"明确记载了织女与牛郎鹊桥相

会的故事。

　　比较完整地叙述牛郎织女故事的，是梁代殷芸的《小说》："天河之东有织女，天帝之子也。年年机杼劳役，织成云锦天衣，容貌不暇整。帝怜其独处，许嫁河西牵牛郎，嫁后遂废织纴。天帝怒，责令归河东，但使一年一度相会。"意思是说，银河的东边住着织女，她是天帝的女儿。织女每天都在织布，没有

此地，织女以金篦划河，河水涌溢，牵牛因不得渡。今村西有百沸河，乡人异之，为立祠。祠中列牛郎织女二像。宋建兴兵火时，士大夫多避地东岗，有范姓者经从祠下，题诗于壁间云：'商飙初至月埋轮，乌鹊桥边绰约身，闻道佳期唯一夕，因何朝暮对斯人？'乡人遂去牵牛像，今独织女存焉。祷祈之间，灵迹甚著，每至七夕，人皆合钱为青苗会，所收之多寡，持杯珓问之，无毫厘不验，一方甚敬之。"这段记载主要是说，传说牵牛和织女星曾降临于黄姑此地，织女用金篦划出一条河，使得牛郎不能渡河。正好村西也有条河，于是乡人便为这条河立了一座祠堂，里面供奉了牛郎和织女

两座雕像。宋朝战争时期，有一个到这

里避难的士大夫途经此祠堂时，题诗说，

听说每年七月七日牛郎和织女才能相会，

在这里又何必追求朝朝暮暮相对呢？于

是乡人将牛郎像撤去，只剩一座织女像。

每到七夕，乡人便到祠堂祈祷，十分灵验。

牛郎织女的故事经过代代的口耳相传及

民间作者不断地增饰、润色之后，到近

代逐渐发展为我们熟悉的情节曲折、哀

婉动人的民间传说。

　　牛郎织女故事情节的扩充和发展，

反映了民众的精神情感需要。社会可以改变人们的现实行为，却不能泯灭人们纯真的情感渴望。在七夕晴朗的夜空之下，自然会唤起人们对往昔历史的回忆和对美好人生的向往。

2.牛郎织女故事的内容

牛郎织女的故事，在民间流传很久，因此产生了各式各样的版本。它们虽然基本内容相同，但是细节却千差万别，各有各的特点。有一则故事这样写道：

很久很久以前，天空碧蓝如洗，一片云彩都没有。天帝觉得这样太单调了，于是吩咐他的七个女儿纺纱织布，给"天"做衣服。七姐妹辛勤地劳动，可是，纺

出来的纱不是白色的就是灰色的，用这种纱织布，色彩还是很单调。

最小的妹妹是个有心人，她悄悄地来到御花园，发现了一种开着七色花、结着七色果的仙草。她欣喜若狂地采了许多仙草，决定把这些漂亮颜色漂染到织纱上去。每当深夜，小妹妹便偷偷地进行试验。当她终于纺出了五彩缤纷的彩纱时，她高兴得差一点喊出来。

第二天一早，姐姐们发现了这个奇迹，都欢呼雀跃，议论着什么时候让"天"穿上才好。小妹妹说太阳早出晚归最辛苦，还是让"天"穿上花衣服迎送吧；平时让"天"穿白衣服，下雨时让"天"穿灰衣服，早晨和傍晚穿花衣服。天帝知道这件事后非常高兴，就将小妹妹封为"织女"。

织女每天不停地织布，织累了，总要观看一下银河下面人间的景色。每当她看到人间男耕女织的繁忙景象，都会

感到十分有趣。渐渐地，有个小伙子引起了她的注意。织女发现这个小伙子孤苦伶仃，一个人在田里耕作，休息时只和身边的老牛讲话。她不禁对他产生了无限的怜惜之情。

这个小伙子便是牛郎，名叫如意。牛郎从小便没有了爹娘，跟哥嫂在一起生活。如意家住在南阳城西的一个小村庄里。他聪明、勤奋、忠厚，人们都很喜欢他。他听老人讲在伏牛山中卧着一头老黄牛，便常常望着那座山出神。他因为家里没有牛，总想把山里的那头牛拉回来耕田。有一天，他终于进了山，翻了九十九道山，过了九十九道涧，找到了那头老黄牛。老黄牛在一块大平石上卧着，瘦骨伶仃的。

如意趴下对老黄牛磕了个头，喊声"牛大伯"，请老黄牛跟他走。老黄牛睁了睁眼睛，又合上了。他看着老黄牛那无精打采的样子，猜到它可能很饿了，于是就去给老黄牛薅草。他薅着，牛吃着，薅了一捆又一捆，总是供不上它吃。就这样，他薅了三天草，老黄牛吃饱了，抬起头对他说："小孩子，我原住在天上。盘古开天辟地的时候，地上没有五谷，我偷了天上的五谷种子撒了下来，触怒了玉帝，他把我贬下天庭。我的腿摔坏了，不能动弹。我的伤用百花露水涂洗一百天就会好的。"如意听了，决定留在山上为老黄牛疗伤。他饿了吃野果，渴了喝泉水，夜里依偎着老黄牛睡，每天清晨

去采百花，用花朵上的露水给老黄牛洗
伤。整整一百天，老黄牛的伤好了，站了
起来，跟着他回家去了。

如意对老黄牛很好，白天去放牛，
夜里睡在牛旁边，因此人们都叫他牛
郎。老黄牛待牛郎也很亲，每回牛郎的
嫂子在家偷吃东西时，老黄牛总是叫牛
郎回来吃。一来二去，牛郎的嫂子生气
了，要和牛郎分家，牛郎不要房子不要
地，只要老黄牛、一辆破车和一只烂皮
箱。老黄牛拉着破车，破车上放着烂皮
箱，牛郎坐在烂皮箱上。牛郎离开了村
子，到他乡搭了个草棚，住了下来。老黄
牛从嘴里吐出了茶豆，给了牛郎。牛郎把
茶豆种在门前，第二天出土了，第三天拖

了秧，牛郎搭了个架子，没几天茶豆便把架子拖满了。一天，老黄牛说："如意啊，夜里藏在茶豆架下，能看到天上的姑娘们，天上的姑娘们也能看到你。谁要是偷看你七个夜晚，她就是想做你妻子的人。我拉着车带着你，把她娶到凡间来，与你成婚。"

夜里，牛郎站在院子里的茶豆架下向天上望，只见一群仙女在玉池里洗澡。临走时，一个仙女向下偷看了他一眼。第二天夜里，只见那位仙女独自来到玉池边，大胆地看着牛郎。第三天夜里，这位仙女望着牛郎微笑。第四天，她向牛郎点点头。第五天夜里，她端着一篮子蚕。第六天夜里，仙女又偷出了一架纺布机。第七天夜里，她拿着织布梭向牛郎招手。牛郎、织女，一个在天上，一个在地上，眉目传情七个夜晚。牛郎盼着织女下凡来，织女盼着牛郎快来迎娶。七月七日那天，从天上飞下来几只喜

鹊，落在了老黄牛的头上，喳喳喳地叫着："织女差我来，叫您快去娶，快去娶……"老黄牛向牛郎点点头，牛郎套上车，坐上去。老黄牛四蹄腾空，一会儿便来到玉池。牛郎下车，和织女一起抬起织布机放在车上，织女挎着蚕篮上了车，牛郎也跳上车和织女坐在一起。老黄牛腾云驾雾，不一会儿便到了家。

乡亲们知道牛郎成了亲，都来贺喜。织女把她带来的天蚕分给大家，教大家养蚕、抽丝、织绸缎。

一传十，十传百，整个村子都知道牛郎娶了一位贤惠妻子，能养蚕，会抽丝，织出的绸缎又光又亮，好像粼粼闪闪的白河水。大家都传织女的织布机是从天上带下来的，织出来的绸缎做成衣裳，冬暖夏凉。这消息传了出去，引来了天南海北的绸缎商人，都来争购南阳绸。这一下轰动了白河南岸、伏牛山区的千家万户，他们都让自家的姑娘来学习织绸缎。织女是个热心肠的人，精心传授，于是人来人往，川流不息，没两年，养蚕、抽丝、织绸缎的技艺家家户户都学会了。

第三年的七月七日，织女生下一男一女，男的起名叫金哥，女的起名叫玉妹。牛郎勤耕田，织女巧织布，小日子过得康乐和谐。姑娘小伙子们都很羡慕，问他们是如何走到一起的。牛郎指着茶豆架，说了原委。茶豆熟了的时候，姑娘们、小伙子们争着采摘，种到自家的院子里，也偷偷地钻到茶豆架下，向天上望。小伙子都盼着能看到一个偷看他的

仙女；姑娘都盼望着能看到一个偷看她的仙童。年轻人一钻到茶豆架下，心里都是甜蜜蜜的。

又过了几年。一天，牛郎正在犁地，晴空响起一阵雷。老黄牛站了起来，望着牛郎，流着泪说："如意啊，我把织女拉下天，犯了天条。天鼓在响，我听着很难受。我死后，王母娘娘准会来拆散你们夫妻。你记住，你把我剥皮，吃了我的肉能脱凡成仙，用皮做靴子，穿上后能腾云登天。"老黄牛说罢，倒下死去

了。牛郎哭了一阵，就照着老黄牛的话做了。

七月七日那天，牛郎正在锄地，金哥、玉妹哭着跑来，对他说，来了个老婆子，把妈妈从织布机上拉跑了。牛郎忙把锄扔下，一手拉金哥，一手拉玉妹，腾空就追。眼看就要追上了，王母娘娘拔下头上的金簪照脚下一划，汹涌澎湃的一条大河出现了。牛郎拉着金哥、玉妹在河边哭，金哥、玉妹的哭喊声惊动了玉帝，玉帝看到一双孩子怪可怜的，就叫他们一家人每年七月七日相会一次。

牛郎一家人不见了，人们觉得蹊跷，晚上就钻到茶豆架下向天上望，看到一条大河，波涛汹涌，织女站在河那边哭，牛郎拉着金哥、玉妹在河这边哭。人们明白了，擦着眼泪走出茶豆架，向天空望去，发现繁星闪耀的天空多了一条又宽又长的银带，就叫它天河。天河的一边多了一颗星，一边多了三颗星，就叫

它们织女星、牛郎星、金哥星、玉妹星。

人们想念牛郎织女，每天晚上总要钻到

茶豆架下望望，望到七月七日那夜，突

然看到满天喜鹊向天河扑去，互相咬着

尾巴搭起一座鹊桥。牛郎拉着一双儿女

上桥了，织女也上桥了，在鹊桥的中间，

一家人相会了。人们也随之欢喜了，互相

谈论七夕的故事。

牛郎织女虽然登天了，可给人们留

下了天蚕、织布机。用织女的织布机织

出的南阳绸细密闪光，畅销九州。随着
南阳绸的远销，也把牛郎织女的故事传
到了各地。每到七月七日晚上，人们都
想起了牛郎织女，传说着他们的故事。
还有好奇的男女，藏在茶豆架下望着天，
偷看牛郎会织女。

　　流传在豫东杞县一些地区的故事中
是这样说的：

　　牛郎是一个憨子，名叫憨二，是李
庄人，离南京二百多里地。他家有十二
顷地，爹娘都没有了。哥嫂想独吞家业，
便一而再，再而三地害他，都被老黄牛

救了。与哥哥分家时他仅仅要了破车和老黄牛。

老黄牛拉着破车走了一天，来到淮阳县李大庄。他向李大四求地方住，李大四让他住在时常闹鬼的一个群楼院里，见他住下没事，便要卖给他。老黄牛让他从堂楼门东边挖了一缸金子，西边挖了一缸银子，买下了这座房子。一天老黄牛又把他带到了天上，拿了九个仙女中一个仙女的衣服，这个仙女就是织女。她只好嫁给了憨二，待老黄牛死后，织女从后院的井里找到自己的衣服后，便穿上到天上去了。憨二遵照老黄牛死时的嘱咐，将牛皮灌满水，缝好骑上，带着两个孩子去追。织女看快被追上了，便拔下金簪划了道天河。憨二看牛皮的水漏了，没劲儿了，掂着梭子一砸，正砸在织女的怀里。织女拿织布镏子投了过去，一下投偏了，就成了牛梭子星和镏子星。

老天爷想做和事佬，就让他俩明七暗九见一面。谁知传话人竟把话传成了七月七日见一面，就这样，他俩只有在七月七日才能见面。二人见面时都后悔得落泪。

鲁山部分地区，流传的牛郎姓孙，名小意，住在鲁山西南脚下的孙庄，也是受哥嫂的虐待。小意10岁时，嫂嫂不想让他吃闲饭，就要小意去买头牛放。

小意在去买牛的路上，遇见了一位老汉牵了头牛，见牛挺精神，就买了回来。这头牛不是一般的牛，而是天河里

的一条龙，因错行了雨，被天帝贬到下界，投胎为牛了。

　　小意把它买到家里，精心饲养，感动了这头牛，它一次次口吐人语，帮助小意脱险。与哥嫂分家后，老牛又向他泄露天机，让他与天上的仙女成了家，婚后二人男耕女织，互敬互爱，日子过得挺美满，过了几年后还生了一对儿女。可老牛死后，织女虽然舍不得丈夫儿女，但因畏惧王母娘娘的命令，就趁小意到地里干活时，穿上原来的衣服走了。小意干着活，抬头见天上有个人，就知道是

织女走了，马上回家，照老牛临死前的吩咐，用箩头担了儿女，披上牛皮，腾云追去。眼看要追上了，狠心的王母娘娘拔下头上的金簪，划了条滔滔天河，把他们隔开了。

从那以后，小意一直没有回来，现在山上还有"牛郎洞"和"九女潭"这两个地方，留给人们作纪念。孙庄的群众还深深怀念着牛郎和织女，盼望着有朝一日，他们再回来。1981年地名普查时，人们还一致要求把村名改为"孙意村"。

尽管细节千差万别，故事梗概大都是这样的：天上的织女爱上了人间勤劳善良的牛郎，两人结为夫妻，男耕女织，恩恩爱爱，还生了一双儿女。天上的王母娘娘，反对他们的婚姻，用金簪划天河将他们分开。牛郎和一双儿女非常哀伤，玉帝被感动了，允许他们每年七夕相会一次。七夕那天，许多喜鹊飞来，搭成鹊桥，以便牛郎织女在鹊桥上相会。

3. 牛郎织女传说背后的时代背景和民俗观念

从牛郎织女传说的发展演变中我们

可以发现，在传说的不断完善过程中有许多新的要素被加了进去，如老牛、一双儿女、织女下凡洗澡、王母娘娘设障碍、鹊桥相会等，这些要素的增加体现了当时的时代背景和人们的民俗观念。

最早的牛郎织女传说中是没有老牛的，随着传说的不断加工和完善，这头通人情、知冷暖的老牛被人们加工进来。老牛在牛郎织女的整个故事中起着非常重要的作用：在牛郎的哥嫂想用有毒的馅饼毒死牛郎时，是老牛阻止牛郎不要

吃馅饼，救了牛郎的命；在织女和其他姐妹下湖洗澡时，是老牛告诉牛郎让他去偷织女的衣服，给了牛郎一段美好的姻缘；而后在织女被王母娘娘抓回天宫时，是老牛不惜牺牲了自己的性命，让牛郎披着自己的牛皮去追织女。在各地流传的不同版本中，老牛的作用更是被夸大和细化：每次牛郎的哥嫂在家偷吃好吃的，都是老牛及时通知牛郎回家；牛郎缺钱少粮时，老牛总是为它出钱解决

生计；在牛郎追求织女的过程中，老牛还带着牛郎去闯天宫，历经磨难见到了织女。

在古代，我国一直是农业社会，牛是人们耕种的重要工具，与人们的生活息息相关，在日常生活中起着至关重要的作用，许多部落更是将牛神化，成为他们的部落图腾。由此可见，牛在古代不仅是普通的家畜，它兼具牛性、人性和神性。

我国甘肃某些地区，专设供奉牛的

地方，称为"牛儿堂"，当人们祈求丰收时便来拜祭老牛。

此外，老牛身上正直、诚实、勤奋的品质与牛郎的品质一致，被看做是牛郎品质的一种延伸和升华。老牛的这些品质象征着古代劳动人民勤劳正直的传统美德，是正义和善良的化身。

"一儿一女"则是古代普通家庭最理想的模式，它反映了人们养儿防老、传宗接代的传统家庭伦理观念。还有"有儿有女老不怕""一儿一女一枝花"的谚语在民间流传。

"仙女下凡洗澡"则反映了以下两个重要的文化信息：第一，人神共界。第二，"水"在古代民俗中意义特殊。仙女因为脱下了衣服或羽毛，而成为人；因为失去了衣服或羽毛而不能重返仙界。从表面上看，这是衣服或羽毛起着重要的媒介作用，其实是水。在古代民俗中，不

仅人神之间的转换，就连鬼变人的过程中，水也是重要的媒介，起着关键的作用，这在我国古代许多民俗和仪式中都可以发现。举一个典型的例子，以前在我国南方，如果小孩子被吓到，大人们便会准备一个盛满清水的碗，碗上盖着一层薄薄的纸。大人用蘸上水的手指向薄纸上掸，倘若薄纸上浮现出一个个小水圈，则说明小孩子的魂被招回来了。于是，大人们便让小孩子喝下碗里的水，小孩子便会慢慢好起来。这种仪式被称为"招魂

仪式",其中的碗、碗里的水以及一个
小水圈都被看做是魂的寄住之地。此外,
水还被人们视为人转换身份的重要场所,
例如许多国家,当地少女举行成人礼时,
少女便在水中沐浴,沐浴过了,少女便
由儿童成长为成人了,以后便可以谈情
说爱了,这被称为"净化仪式"。

　　"王母娘娘设障碍"这一情节的设
置反映了古代封建礼教对男女自由恋爱

的阻挠和反对，在我国许多著名的戏剧和传奇中都出现了父母阻碍儿女自由恋爱的情节。如《西厢记》中崔母阻止莺莺和张生的自由爱情，《红楼梦》中贾母对贾宝玉与林黛玉爱情的干涉和破坏等。另一方面，这一情节也是古代服务婚和成年礼的曲折反映。牛郎织女的传说在少数民族地区的流传中，有着以下独特的情节：牛郎追着织女来到天宫后，受到织女父母的层层阻挠，他们反对牛郎和织女的爱情，设置了许许多多的难题

来加害牛郎。例如在苗族流传的牛郎织
女传说中记载，天公为了加害牛郎，带
着牛郎去赶场，然后趁牛郎不注意自己
回来了，企图使牛郎在茫茫人海中迷路，
回不了家；接着又让牛郎去上树剥树皮，
在牛郎上树后，天公叫人悄悄撤下梯子，
企图摔死牛郎；接着又让牛郎上山烧山
栏，在牛郎爬到山顶后，天公叫人在半
山腰放火，企图烧死牛郎；最后，天公
又在牛郎的酒中下毒，企图毒死牛郎。

然而，每次牛郎都在织女的帮助下逃脱危险。最后，天公无计可施了，只好同意牛郎和织女的婚事，放牛郎织女回家了。上述难题主要是两方面的内容：一是完成生产劳动任务；二是经受生死磨难的考验。这些一方面反映了岳父岳母对女婿智慧、生产技能以及勇气等方面的重重考验，另一方面，它们也是古代服务婚和成年礼的遗风反映。

服务婚是人类婚姻史上曾经盛行的一种婚姻模式。它是指男方赴女方家无

条件为女方家劳动和养老的一种婚姻形

式，即我们常说的"上门女婿"。男方只

有在女方家劳动到一定年限，即他的劳

动价值相当于女方的身价，男方才可以

带女方回自己的家。男方到女方家服务

有两个目的：一是用自己的劳动付出换

取妻子回家；二是岳父岳母对男方生产

技能、智慧以及耐力等等方面的考验。

这种婚姻是古代对偶婚向一夫一妻制过

渡过程中的一种婚姻形式，也是母系社
会向父系社会过渡过程中的一种产物。
在对偶婚时期，男方到女方家去生活劳
动，所生的子女属于女方家；而到了一
夫一妻制时期，女方便到男方家生活劳
动，所生的子女也属于男方家。在这样
的婚姻变化过程中，女方家由原来的因
婚姻多出一个劳动力变为后来的少了一
个劳动力，遭受了严重的损失。为了弥
补这种损失，在一夫一妻制时期，男方

家便要付给女方家聘礼，"家贫无有聘财"
的男方，便只好用自己的劳动付出来换取
女方回自己的家。于是，服务婚便出现了。

　　成年礼则是未开化的部落通过一系
列残酷艰难的考验，接纳一个适龄男青
年入社而举行的仪式。适龄男青年只有
经过了这些考验，才能由儿童转换成成
年，之后才能享受一些成人才能享受的
权利，如结婚生子，同时他也肩负着为
部落服务的责任。这是一种十分神秘的

仪式，妇女和部落外面的人是禁止参与的。这种仪式在世界各地都普遍存在着，并各自有自己独特的方式。成年礼的考验主要有两个方面：一方面是对男青年知识能力方面的考验，有让男青年背诵部落诸神的名字、部落的祭祀方式以及部落的禁忌等，还要考验男青年耕种、狩猎、渔业等各种技能，包罗了一个男青年在社会生活方面所需的种种技能。另一方面是对男青年肉体的考验，这种考验的方式更是千奇百怪，甚至堪称残

忍，一些男青年在考验过程中甚至丧命。
有的是让男青年离开家庭，独自到荒无
一人的地方去生活，经历磨难；有的是
进行割礼、文身、拔牙、烧炙瘢痕，对
男青年的身体进行摧残；有的则是将这
些男青年关在一个神秘的屋子里，不许
说话也不能进食；有的是将男青年全身
涂白，象征着他们的童年已经死去；有
的则是让男青年流血满身；有的还让他
们从大火中穿越，在冰水中洗澡，在狂

风暴雨中狂奔，让蚊子叮咬等；还有的要给男青年以各种方式的突如其来的恐吓。这些肉体上的考验和摧残反映了当时的落后与愚昧。

此外，牛郎织女的传说也属于我们古典文学中"仙女下嫁穷汉"型——传说由两神相恋，演变为人神相恋，神指的是织女，人指的是牛郎。像这样的故事在我国古代非常多，比如"七仙女"的故事、"田螺姑娘"的故事等等。这类故事数量众多，流传广泛的原因，主要有三点：第一，现实生活中的确存在着许多生活贫困，取不起老婆的穷汉；第二，古代男女婚姻受"父母之命，媒妁之言"的封建礼教束缚，不能自主；第三，无论男女，都怀有对美好爱情的向往。最后一点尤为重要，由于许多美好的爱情和婚姻在现实生活中无法实现，人们便将这种幻想寄托在戏剧和闲谈中，这也就不难理解，为什么许多女性也喜欢听

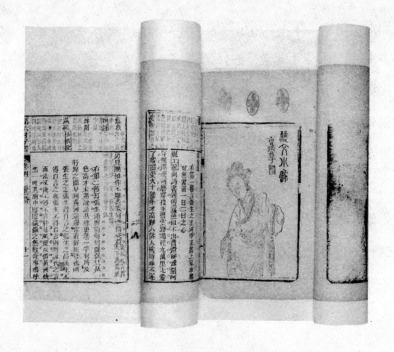

这样的故事。此外，这种"仙女下嫁穷汉"的模式也不禁让我们想起了"灰姑娘型"的故事。在外国的许多童话和故事中，存在着许多普通女孩与高贵王子或国王之间的爱情，最著名的便是格林兄弟笔下的《灰姑娘》。而在我国则相反，在我国古代流传着许多"灰小伙"的故事，如《西厢记》、董永娶七仙女的故事，反映的大都是穷小子娶富家女，甚至仙女，从此命运改变。这些故事反映了创作者

希望寄婚姻改变穷困命运的心愿，同时
在一定程度上也反映了人们期望不劳而
获的心理。

（二）魁星传说

除了牛郎织女这个动人的爱情故事，
魁星传说也大大丰富了人们的精神世界，
是我国宝贵的传统文化遗产。

七夕

在古代传说中，七月七日是魁星爷的生日。魁星爷便是魁斗星，二十八宿中的奎星，即北斗七星的第一颗星，它也被称为魁首、文曲星。因为魁星主掌考运的缘故，所以许多书生都会在七夕魁星生日这一天来拜祭魁星，希望魁星保佑自己多年的辛苦读书生涯能够换来官运亨通。也因此，古代士子中状元时称"大魁天下士"或"一举夺魁"。

　　在民间传说中，魁星生于七月七日。魁星的童年生活很悲惨，他在襁褓之中时父母便不幸死去了，从此沦落为一个可怜的孤儿。幸好有一位心地善良、博学多才的先生好心收留了他，于是魁星就在先生家里帮忙。魁星非常勤劳、好学，因此先生很喜欢他，把他视为己出。虽然先生的家庭比较清贫，但是先生却从来没有亏待过魁星，不仅为其提供安

定的生活，而且还教会魁星识字、读书。魁星在先生的悉心教育下，打下了很好的学识基础。但是，魁星长相十分难看，不仅是个跛腿，而且脸上布满麻子，再加上他是个孤儿，因此经常受到同伴们的欺负。每次被人欺负后，魁星都很伤心，这时先生总会安慰他、开导他，教育魁星要把悲愤转化成前进的力量。虽然备受欺负，生活清贫，但是有先生的陪伴，魁星还是比较快乐。然而，好景不长，在魁星十多岁的时候，先生不幸身染重病，离开了人间。先生临终前，把魁星叫到身边，对他说："我没有办法看到你高中状元了，我死后，你一定要慎思慎行，勤奋学习,坚持理想……"话还没有说完，先生便断气了。先生的离去对魁星的打击很大，他十分伤心，三天三夜没有进食。后来在好心的乡亲们的劝慰下，魁星振作精神为先生下葬，而后的三年里，魁星谨记先生临终时的教诲，勤奋读书，废寝忘食。

　　三年后，魁星参加县试，高中回元，而后又在乡试中中了解元。乡亲们、朋友们纷纷来到魁星家，为魁星庆贺。庆贺后，他收拾好行李，与乡亲们告别后离开了家乡，前往京城参加最后的考试。在离开之前，他最后来到先生的坟前，挥泪与先生告别。最终，多年的勤奋没有白费，他又高中状元。

　　魁星喜中状元后，终于放下了多年的辛苦与辛酸，甜甜地进入了梦乡。在梦中，他看到了金銮宝殿，见到了珠光

宝气的娘娘，听到了报喜的锣鼓声为他开道，他在人山人海的街道上巡游了三天，乡亲们也不远千里来为他祝贺……醒后，他在欣喜的同时，想起了恩重如山的先生，于是便走到了窗前，面对着明月，跪在地上磕头，说："先生的遗嘱，学生一直谨记心中。在今后的仕途中，我也一定会慎思慎行，待到今后飞黄腾达，经世济民，回报恩师！"第二天，迎接他的鼓声果真响起，他满腔抱负，来

到金銮宝殿，跪着等待娘娘为他戴上簪花。但是，这时不幸的事情发生了，娘娘拿着簪花走到魁星面前时，偶见魁星相貌奇丑无比，以为是大白天见到鬼了，顿时昏厥在地。皇上见到娘娘被吓昏在地，十分恼怒，他命令殿卫将魁星赶出金銮宝殿，并革除了他"三元"的资格。

面对命运的如此捉弄，魁星十分伤心，他感叹自己为何如此丑陋，怀着这种羞愧无奈的心情，他回到了家乡。好心的乡亲们知道魁星的悲惨遭遇后，纷纷赶到魁星家，安慰魁星，说："娘娘当时一定是身染疾病，心神恍惚，于是昏厥了。可惜你这样百年不遇的人才了，你也只能怪时运不济了，没关系的，我们下次再考，一定会再高中状元的！"在乡亲们的不断劝慰下，魁星逐渐想开了，他感激乡亲们，重新鼓起勇气，又苦读了三年。

三年后，朝廷又举行科举考试。魁

星于是又收拾行装，离开家乡，来到京城参加考试，最后又高中状元。可是这次在金銮宝殿上，他又把娘娘吓昏了，照样又被驱逐出宫。而后，魁星含恨三年，在得知皇帝已经驾崩，新皇帝的娘娘文武双全，才情过人后，他又满怀希望，参加了考试。可是，不幸的事情又再次发生，命运以同样的方式捉弄了魁星。魁星最后被乱棍赶出宫殿，在一次次的打击下，他精神崩溃了，走路疯疯癫癫，

还不停地狂笑，叫喊："鬼，鬼……"突然，他听到乡亲们感叹："太难了！圣上下旨，从今往后开科取士，务必要选择才貌双全的人。可怜魁星，今生今世是不会有机会了！"听到这里，他顿时火冒三丈，仰天长啸："才貌双全？那么，老天啊，你为何要让我生呢？"呼声震彻天地，霎时间雷鸣电闪、狂风暴雨，倾泻大地。魁星悲愤地脱下衣冠，赤裸裸

地站在雨中，最后跳入东海的巨浪之中。

魁星的自杀惊动了东海龙王，龙王急忙命令龟仙去拯救魁星，于是魁星被救活了。玉皇大帝知道这件事后，被他的悲惨命运和才学感动，赐魁星三元及第，并让他从此掌管人间文事。

因为魁星能左右文人的考运，所以每逢七月七日魁星的生日那天，读书人都郑重地祭拜他。

除此之外，魁星的故事还有另外一

个版本，在这个版本中，魁星要幸运得多。

　　魁星爷长相奇丑无比，不仅脸上布满了麻子，而且他还是一个瘸子，走起路来十分难看。为此，他经常受到别人的嘲笑，甚至还有人写了一首打油诗来取笑他："不扬何用饰铅华，纵使铅华也莫遮。娶得麻姑成两美，比来蜂室果无差。须眉以下鸿留爪，口鼻之旁雁踏沙。莫是檐前贪午睡，风吹额上落梅花。相君玉趾最离奇，一步高来一步低。款款行时身欲舞，飘飘度处乎如口。只缘世路皆倾险，累得芳踪尽侧奇。莫笑腰枝常半折，临时摇曳亦多姿。"意思是说，魁星的丑不用使用任何化妆品来遮盖，因为再厚的化妆品也遮不住魁星的丑陋；如果魁星今后娶的媳妇也是个麻子，两人倒真是般配，他们脸上的坑会和蜂窝一样；魁星眉眼之间布满了疤痕，鼻子和嘴旁边的坑非常多；他的额头上还有红色的胎记，难道是魁星在屋檐下午睡时，梅花落到了他的额头上；他的脚趾是最离奇的了，走起路来一只脚高，一只脚低；魁星慢慢走路时就像在跳舞，可是人间路途坎坷，累得魁星走起路来竟然向一边倾斜。千万不要笑他走路时还弯着腰驼着背，这样走起路来是多么摇曳多姿啊！这首诗极尽反讽和夸张之手法，将魁星的长相贬低到极限。

然而这位魁星爷虽然相貌丑陋，备受歧视，但是他志向高远，把世人对他的嘲笑和捉弄转化为前进的力量。多年来，魁星一直努力读书，最后功夫不负有心人，他参加科举考试并最终高中状元。殿试时，皇帝看他相貌丑陋，很瞧不起他，于是打算捉弄捉弄魁星。皇帝便问魁星："你的脸上为什么布满麻子呢？"魁星答道："麻面满天星。"皇帝一惊，对魁星增加了一分好感，但是他打算再考考魁星，于是问魁星："你的脚又为什么是瘸的呢？"魁星答道："独脚跳龙门。"皇帝见他反应敏捷，不卑不亢，十分欣赏他，便重用魁星，魁星从此飞黄腾达了。

二、与传说相关的
七夕节日习俗

（一）七夕节日习俗

七夕在古代是一个盛大热闹的节日，有各种各样的节日习俗，最主要的便是乞巧习俗。简单地说，乞巧就是姑娘们向织女乞求赐给自己精湛的纺织技术。

乞巧的花样繁多，主要有以下几种：

1. 穿针乞巧

这种节日习俗始于汉代，盛行于南

朝期间，是最早的乞巧方式。穿针分为两种，一种是七夕当晚，姑娘们聚在月光下面，借着月光穿针引线，哪位姑娘可以穿过去，便是得巧了。另一种是在七夕那天的中午，姑娘们将针投在水面上，观察针在水中的影子，来看自己是否得巧，这被称之为浮针或投针。河南开封地区《祥符县志》曾经记载了这个有意思的民俗。"七月七日之午，妇女多乞巧。以碗贮水曝烈日中，顷之水膜凝面，举绣针投之则浮，谛视水底针影，有云成物花鸟之影者为上，有成剪刀牙尺之影者为次，谓乞得巧，女伴相贺；其影粗如槌、细如丝、直如矢则拙矣，幼女尤忌，或至垂涕泣，其母每曲慰之。"这段记载不仅使我们了解什么叫乞巧，也仿佛看到一群姑娘相互嬉戏，幼女的天真、母亲的慈爱等，彰显这一习俗的女性特色。

最早的穿针、浮针以及投针都是在月下进行，乞巧活动都在七夕当晚举行。

随着习俗的不断发展，当中有些习俗发展为在七夕中午进行，以观测太阳投射的影子。早先的月下穿针，是伴随着穿五孔针、七孔针、九孔针的传说，乞巧活动将女红才艺与游戏化的竞赛结合在一起，充满了竞技的意味，在比赛过程中得到巧，也有实至名归之感。而后代的浮针、投针，则更似占卜，是否得巧更多取决于运气，这使得许多小姑娘都产

生了患得患失的感觉。

2. 蜘蛛乞巧

蜘蛛与七夕乞巧关系颇深。究其原因，大致有三点：一是秋初，蜘蛛正活跃，要它织网，一般不会令姑娘们失望。二是蜘蛛织网，织女织布，同是巧手。女子们看不到织女织的布，那么就看看蛛网，希望能得到某种启示，某种灵感，或感受到蜘蛛织网的灵妙之气，使自己的织布之技，有所提高。三是古有"蜘

蛛集而百事喜"之说，民俗中有蜘蛛预兆喜事的说法，乞巧时用蜘蛛，也可增加喜庆气氛。用蜘蛛验乞巧结果，也有诸多不同。

（1）验瓜果上有无蜘蛛网。七夕之夜，陈瓜果于庭中以乞巧，次日，如果瓜果上有蜘蛛网，就是乞得巧了，否则就是没有乞到巧。杜甫曾在《牵牛织女》诗中写道："蛛丝小人态，曲缀瓜果中。"就是在歌咏这种民俗。

七夕

有的地方，女子将瓜削成花瓣状，放在盘中，再在瓜上放一针，然后，在庭院中举盘望拜河汉，默祝织女赐巧，然后将瓜盘放在庭院中的桌子上。过了一会儿，去看上面有无蜘蛛网，以验是否乞到巧。

（2）验瓜果盘上的蜘蛛网是否成"万"字的繁体字形，为是否乞到巧之验。

（3）验蜘蛛网的疏密。七夕之夜，姑娘们捉蜘蛛，放在一个小盒子里。第

二天，开盒观察，以蜘蛛网的疏与密，验证得巧的少与多。此俗自唐至明，历代有之。

（4）验所结蜘蛛网是否圆整。将蜘蛛放在小盒子里，次日验看盒内蜘蛛网是否圆整。圆整，说明乞到了巧，不圆整则说明没有乞到巧。此俗宋代南方北方都有。

有的地方，又有男孩子在七夕之夜

将蜘蛛放在盒内，明日验蜘蛛网以乞文之俗。乞文就是乞求擅写文章，写好文章的技巧。此俗乃是由女子将蜘蛛放在盒里验丝乞巧而来。

3. 迎仙乞巧

广州的乞巧节独具风格。七夕那天，姑娘们用彩纸、绳线以及通草等东西，编制成各种各样的小东西，还将谷种和绿豆放入小盒里，并用水浸泡，等到这些种子发芽到两寸长的时候，便把它们拿来拜神，称为"拜仙禾"和"拜神菜"。

七月初六、初七两个晚上，姑娘们都会身穿美丽的衣服，头戴漂亮的首饰，将自己打扮得十分精致，来拜祭神仙。每晚的三更到五更，都要拜祭三次。拜完神仙以后，姑娘们便借着灯影穿针，哪位姑娘能将彩线顺利穿入针孔中，便是得巧了；如果不能，那便是输巧了。由

此可见，广州的姑娘们在七夕来临之际，真是要忙碌一段时间，七夕节是古代女子的重要节日。而且在七夕之后，姑娘们还要将自己制作的小工艺品和玩具互相赠送，以示友谊。

4. 集会乞巧

姑娘们聚在一起，行乞巧之俗，游玩嬉戏，更有情趣。这种习俗，各地有

所不同。

广东"七娘会"。清代、民国年间的广东，人们非常重视七夕节，民间流传着许许多多有趣的风俗。屈大均《广东新语》中，便记载了清初"七娘会"的盛况。"七娘会"在民间多称"拜七姐"。一位参加过"拜七姐"活动的老人回忆，广州西关一带，尤为盛行"拜七姐"。活动通常是在少女少妇中进行，一群关系亲密的姐妹聚在一起，在六月份便早早地将一些稻谷、麦粒、绿豆等浸在瓷碗

里，让它们发芽。临近七夕这些少女少

妇们便更加忙碌了，她们凑一些钱，请

家里人帮忙，用竹篾纸扎糊起一座鹊桥，

并且制作出花样繁多的精美的手工艺品。

到七夕之夜，这些女子便在厅堂中摆设

八仙桌，系上刺绣台围，摆上各种花样

纷呈的女红巧物和花果制品，来炫耀女

儿们的巧艺。有的少女还用剪纸红花带

装点谷秧、豆芽盘，盘中点着油灯，灯

光透出彩画薄纸灯罩，炫彩夺目；人们

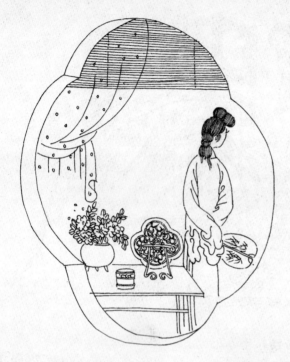

还用精心布置的插花，如芬芳袭人的茉莉、白兰、素馨及其他鲜花插在铜瓷花瓶里；还用茶匙般大的莲花、玫瑰、百合、山茶等插在小盆中，一朵真的配一朵假的，令其真假难辨；还有把苹果桃柿等生果切削拼叠成各种鸟兽形状的果盘；还有寸把长的绣花衣裙鞋袜和花木屐，用金银彩线织绣的小罗帐、被单、帘幔、桌裙，指甲大小的扇子、手帕，

用小木板敷土种豆粟苗配细木砌的亭台楼阁。总之，东西越精致，制作者越能得巧。还有人用米粒、芝麻、灯草芯、彩纸制成五彩缤纷的塔楼、桌椅、瓶炉、花果、文房四宝，还有用各种花纹和文字的麻豆砌成的供品；还有人挂上一盏盏用彩纸和玻璃做成的花灯、宫灯及柚皮、蛋壳灯，动物形灯等各式各样的灯。最受人喜欢的是女子们用彩绸扎制的精

致的雏偶，就是我们常说的布娃娃。雏偶有做成牛郎、织女及他们的一对小儿女的形象的，一般放于上层，下层是从事各种艺术活动的小儿形象，有跳舞的，有吹箫的，还有弹琴的，来庆贺牛郎织女相会；还有"西厢""红楼""杨门女将"等成套的戏剧人物形象；还有一些瓷塑玩偶，这些玩偶是大人们送给孩子的礼物。另外，人们还会陈列出各式各样的

化妆品，如小胭脂盒、镜、彩梳、绒花、脂粉等，一方面供织女享用，等织女"享用"后便给女子们使用。此外，还有蜡制瓜果、小动物等。还有就是甜咸点心、茶、酒、瓜子、花生等各种小点心，在这些环节中，不可或缺的是烛台、香烛，在烛台上插上香烛，并用最好的檀香将香烛点燃。

少女和少妇在七夕之夜会尽情地打扮自己，用天河水沐浴、洗头发，然后

换上锦绣衣裙、旗袍等漂亮衣服，头上
扎上梳发髻，戴上白兰、素馨等做成的
花饰；再轻扫蛾眉、抹脂粉、点绛唇、
额上印花，用凤仙花汁染指甲。女子们
经历了如此精致认真的装点，一个个如
同仙子下凡，大家围坐在八仙桌旁，进
行各式各样的游戏：有的吟诗作对，行
令猜谜；有的穿针祭拜乞巧；有的指着
天上北斗七星及双星，向大家动情地讲
述有关牛郎织女的故事和诗词典故；还

有人家请来戏曲演员，演唱粤曲，女子们也会自己弹琴吹箫等。这时人们可以去别的人家观看乞巧桌陈设，即使参观的人再多，主人也会热情款待。欢庆至半夜十二点时，是织女下凡的吉时，此时人们将所有的灯彩、香烛都点燃，顿时四周五光十色，一片辉煌；姑娘们高高兴兴地穿针引线，喜迎七姐，到处人声鼎沸，非常热闹。最后大家又欢宴一

番，很晚才逐渐散去。清诗人汪伦在《羊城七夕竹枝词》中就有这样的记载："绣闼瑶扉取次开，花为屏障玉为台。青溪小女蓝桥妹，有约会宵乞巧来。"

胶东"拜七姐神"。胶东地区的人们会在七夕那天拜七姐神。年轻妇女穿上崭新的衣服，汇聚一堂，一起在庭中祭拜七姐神，口中还唱着动听的七夕歌谣："天皇皇，地皇皇，俺请七姐姐下天堂。不图你针，不图你线，光学你七十二样好手段。"不少地方的少女还制作"巧花"，她们用面粉制牡丹、莲、梅、兰、菊等带花的饼馍食品，即巧果，还有巧菜，巧菜指在酒盅中培育麦芽。人们正是在七夕这天用巧果、巧菜来祭祀织女，祈求幸福。

嘉兴"七夕香桥会"。在浙江嘉兴塘汇乡古窦泾村，每年七夕，人们都赶来参与庆祝活动，一起搭建香桥。所谓香桥，就是用各种粗长不等的裹头香搭成长约

四五米、宽约半米的桥梁，并在桥梁上装上栏杆，在栏杆上再扎上五色线制成的花。夜晚，人们便祭祀牛郎织女双星，祈求幸福，然后再将香桥焚化，这种仪式象征着牛郎织女已走过香桥，欢天喜地地相会了。由此可见，这香桥一事，是由传说中的鹊桥传说演化而来的。

5.造型乞巧

七夕，人们造彩棚、彩桥、仙桥、牛郎织女以及众仙等，供乞巧之用，这

是节俗与民间工艺的结合。北宋开封，
每逢七夕，人们用竹子、木头、麻秸等
材料搭小棚子，棚子上糊上彩色绸缎，
做成一栋仙楼，并刻上牛郎织女以及随
从的人像，放在楼中，以这种方式乞巧。
或只剪纸成仙桥，牛郎织女相会于桥上，
他们的随从各列两边。

6. 昏迷乞巧

此俗旧时山西有许多地方盛行。七

月七日，人们用布裹住女孩的头，在她耳边使劲地敲锣打鼓，把她震昏，令她在半昏迷状态下穿针引线，能穿成的，便说明得了巧，否则就是没有得到巧。有的地方民俗中认为，女孩能在这种昏迷或半昏迷状态中作穿针之状，谓之"缠花架"，是得巧的征候，否则就是得不到巧。还有的地方，民俗中认为，女子在这种昏迷或半昏迷情况下，能闭目针刺。她们醒后，人们问她们感觉如何，她们甚至会说看到了织女。手比较笨的，会

说受到了织女的责骂。父母不全的，会说织女说她父母不全，不给她巧。其实，这些不过是女孩子们昏迷或半昏迷状态下的幻觉，或者是她们在撒谎，欺骗成人。此类风俗，颇为野蛮，不同程度地伤害了女孩的神经，这样反倒乞巧不成。据说甚至还有吓死人的事情发生。

此外，在山东济南、惠民、高青等地的乞巧活动很简单，只是陈列瓜果乞巧，如有喜蛛结网于瓜果之上，就意味着乞到巧了。而曹县、平远等地吃乞巧

饭的风俗却十分有趣：七个要好的姑娘
凑粮食集菜包饺子，把一枚铜板、一根
针和一个红枣分别包到三个水饺里，乞
巧活动开始以后，她们聚在一起吃水饺，
传说吃到钱的有福，吃到针的手巧，吃
到枣的早婚。

还有一种乞巧活动叫做斗巧，起源
于汉朝宫廷的游戏。汉高祖爱妃戚夫人
的宫女贾佩兰在离开宫中嫁给扶风人段
儒为妻后，经常跟人们谈起在汉宫七夕

的事。她说："汉宫在每年的七月七日，首先在百子池畔，奏于阗乐之后，就用五色彩缕，互相绊结起来，叫做'相怜爱'。随后，宫中的宫娥才女们，一起到闭襟楼上，学习穿七巧针乞巧。而有个叫徐婕好的宫女，可以把生的菱藕，雕刻成各种奇花异草呈献给皇上，皇上把这些小玩意在晚上随手放置在宫中的桌角上，

让宫女们摸黑寻找，这种游戏叫做'斗巧'。"

除了乞巧，种生求子、吃巧食、拜魁星等也是七夕节日习俗。

种生求子：古代七夕临近的时候，人们会在土中撒上粟米的种子，等到种子发芽后，便在土的上面，芽的旁边放一些自制的小房子模型等，就像现在的盆景，人们称之为"壳板"。还有人将绿

豆、小豆、小麦等浸泡在瓷碗中，待它
们长出小小的芽时，便用红绳子或蓝绳
子将它们捆起来，这便是"种生"，又叫"五
生盆"或"生花盆"。而在南方，人们也
称这种习俗为"泡巧"，形式与北方的大
致相似，将长出的豆芽称为巧芽，有人
还用巧芽取代投针，抛在水面上按照投
针乞巧的方式乞巧。此外，还有蜡制的
婴儿玩偶让妇女买回家浮于水上，祈求
生养一个健康快乐的儿子，这种习俗被

称为"化生"。另外，人们还用蜡塑各种
形象，如牛郎织女故事中的人物，有的
还做成秃鹰、鸳鸯等动物，并将它们放
在水上浮游，这便是"水上浮"。

吃巧食：七夕当天，人们会吃巧食来
乞巧，在种类众多的巧食中，巧果是最常
见的。巧果又名"乞巧果子"，花样繁多。
巧果主要的制作材料是油面和糖蜜。《东
京梦华录》中称之为"笑厌儿""果食花
样"。巧果的图样则有捺香、方胜等。在

宋代，街市上便有七夕巧果出售，供人们食用。假如购买一斤巧果，当中会有一对身披战甲、形似门神的人偶，人们称这对巧果为"果食将军"。

巧果的做法是先将白糖放在锅中溶化为糖浆，然后在其中和入面粉、芝麻，拌匀后平摊在案上擀薄。晾凉后用刀将其切为长方块，再揉为梭形面巧胚，最后将它放入油中炸至金黄即可。手巧的女子，还会在七夕那天捏塑出各种与牛

郎织女传说有关的花样巧果。此外，人们也可将乞巧时用的瓜果变换样式，或在瓜皮表面浮雕图案，或将瓜果雕成奇花异鸟，称为"花瓜"。

巧果、花瓜是七夕时节最普通的食品，其实在各个朝代，人们都在七夕当天食用各式各样的食品。譬如，在魏晋时期，民间流行在七月七日那天吃汤饼。唐朝的七夕食品包括七月七日进斫饼，并约定七月七日为晒书节，三省六部以下，赐各个部门金钱若干，用来准备宴席，这种宴席被称为"晒书会"。七夕同时也是适宜配药的日子。民间流传着一种以松柏为药材的秘方，服一丸可延长十年的寿命，服两丸可延长二十年的寿命。这种神奇的药丸便是用七月七日的露水调配而成。此外，还有饵松实、服柏子、折荷叶等，这些都被人们称为长生不老的仙药。较可信的药方有煎苦瓜治眼，晒槐汁治痔，摘瓜蒂治下痢等等。

晒书、晒衣：史书中曾经记载，司马懿当年因为位高权重，受到曹操的猜忌。司马懿为了保全自己，便经常装疯卖傻，待在家里。但是，曹操仍然不放心，

秘密派了一个亲信令史暗中探查真相。时值七月七日，装疯卖傻的司马懿也在家中晒书。令史见到这一情景，便回去禀报曹操，曹操马上下令要司马懿回朝任职，否则即刻押解大牢，司马懿只得乖乖地遵命回朝。古时候，有这样一种人，他们以放浪形骸表达自己沉浮于乱世之中的郁闷。他们反对世俗，蔑视礼法。刘义庆在《世说新语》卷二十五中记载：七月七日当天人们都在晒书，而此时郝隆却跑到太阳底下躺了下来，人们看见后很疑惑，便问他："这是在干什么？"他回答道："我在晒书。"他的这种做法一是表示自己蔑视七夕晒书的习俗，另一方面也是在夸耀自己满腹经纶，学富五车，晒肚皮也就是在晒书。晒衣的风俗起源于汉代，在魏晋时期，豪门富室利用此举来夸耀自己的财富。"竹林七贤"之一的阮咸便很瞧不起这种作风。一年的七月七日，他的富家邻居出来晒衣，只见架上全是绫罗绸缎，光彩照人。而阮咸则不慌不忙地用竹竿挑起一件破旧的衣服，有人问他这是在做什么，他回答道："未能免俗，聊复尔耳！"从这几则小故事便可知道七夕晒书、晒衣的风俗在古时候是多么的盛行了。

贺牛生日：传说七夕是老牛的生日，因此在这一天，儿童们会把摘来的鲜花带在老牛的头上，来为老牛庆祝生日，这种习俗叫做"贺牛生日"。

供奉"磨喝乐"：磨喝乐是古代民间的儿童玩物，就是小泥偶，其形象多是身着荷叶型半臂衣裙，手里拿着荷叶。

据史料记载，每年七月七日，"潘楼街东宋门外瓦子、州西梁门外瓦子、北门外、南朱雀门外街及马行街内，皆卖磨喝乐，乃小塑土偶耳"。宋朝后期七夕节日中的磨喝乐，便不再是小土偶了，它的做工越来越精致。磨喝乐的大小、姿态各异，最大的有三尺多高，与真正的小孩子不相上下，而这时的磨喝乐则是用象牙雕镂或用龙涎佛手香雕刻而成。磨喝乐的装扮，更是精巧之极，有的以彩绘木雕为栏座，有的用红砂碧笼当罩子，手中所持的玩具也多用金玉宝石来装饰，这样，一对磨喝乐的造价往往要高达数千钱。

　　观星祈福：传说在七夕的夜晚，抬头可以看到牛郎织女在银河相会，躲在瓜果架下可以偷听到两人在天上相会时的脉脉情话。女孩子们在这个充满浪漫气息的晚上，对着天空的朗朗明月，摆上时令瓜果，朝天祭拜，祈求天上的女神能够赋予她们聪慧的心灵和灵巧的双手，让自己的针织女红技法娴熟，更祈求爱情婚姻的姻缘巧配。婚姻对于女性来说是决定一生幸福与否的终身大事，所以，世间无数有情男女都会在这个晚上的夜深人静时刻，对着星空祈祷自己姻缘美满。观星祈福主要包括拜织女和拜魁星。

拜织女纯是少女、少妇们的事。她
们大都是预先和自己朋友或邻里们约好
五六人，多至十来人，联合举办。举行
的仪式是，在月光下摆一张桌子，桌子
上放上茶、酒、水果、桂圆、红枣、榛
子、花生、瓜子等祭品；又有鲜花几朵，
束上红纸，插在瓶子里，花前放一个小
香炉。约好参加拜织女的少妇、少女们，
斋戒一天，沐浴停当，准时都到主办人
的家里来，于案前焚香礼拜后，大家一

起围坐在桌前，一面吃花生、瓜子，一面朝着织女星座，默念自己的心事。如少女们希望自己长得漂亮或嫁个如意郎君，少妇们希望早生贵子，夫妻幸福等，都可以向织女星默祈。直到夜半，她们才逐渐散去。

因为传说中，魁星能左右文人的考运，所以每逢七月七日魁星的生日那天，读书人都郑重地祭拜他。

拜魁星和拜织女一样，都是在月下进行。祭拜时常玩一种叫"取功名"的游戏助兴，用桂圆、榛子、花生三种干果，分别代表状元、榜眼、探花三甲，其中一个人手拿三种干果各一颗，往桌子上一投，随它自己滚动，看哪一种干果滚到某人面前停下来，那么那个人就代表那一种鼎甲，一直到大家都有功名为止。

染指甲：在中国西南一带，四川省部分地区以及贵州、广东两地流传着七夕女子染指甲的习俗。这些地区的年轻

姑娘会将自制的指甲水涂在指甲上，还用自取的树上的浆液洗头发，据说这样不仅能使自己更加美丽迷人，而且还会为自己祈求到理想夫君，因此这种习俗在姑娘中十分盛行。许多儿童也会参与到这种活动当中，而他们则更多的是以一种单纯娱乐的心态来参与游戏活动。

拜"床母"：除了七夕拜七娘之外，台湾地区的人民还会举行拜床母的节日活动。人们会准备小油碗到自己的房中去拜祭床母。拜七娘与拜床母有类似含义。生产育儿是女子不可替代的责任，与女子的生活密切相关，因此女子所拜祭的神也多是女性神仙，表达了女子希望自己养育健康快乐的孩子的美好愿望。而"床母"是儿童的保护神，她的生日便是七月七日。在这一天中，有孩子的母亲会在自己孩子的床头放上床母的神像，祈求孩子健健康康，还会给床母供奉许多供品，如油饭、鸡酒，另外，人们还会焚烧"四方金"和"床母衣"。拜床母的时间并不太长，这是因为如果祭拜时间过长，床母便会宠着孩子赖床了。因此，祭拜床母不像平常祭拜要斟酒三巡。在人们摆放好供品，烧完香后，就可以准备烧"四方金"和"床母衣"，烧完就可以撤供。祭拜床母也是为了祈求自己的孩子快快长大。

做16岁：起源于台南市西区，民间传说妇女结婚后，求"注生娘娘"早生贵子；怀孕后，求"临水夫人"保佑分娩平安；婴儿诞生以后到16岁，则获"七娘妈"庇护。因为"七娘妈"是儿童的保护神，所以小孩满16岁时，要在当年七月七日"七娘妈生日"这一天，举行成人礼，俗称"做16岁"。

接露水：在浙江农村，流行用脸盆接露水的习俗。传说七夕时节的露水是牛郎织女相会时的眼泪，如果将此露水抹在脸上和手上，可使人眼明手快。

杀鸡禁鸣：为了表达人们希望牛郎织女能天天过上幸福生活的愿望，在浙江金华一带，七月七日家家都要杀一只鸡，意为今夜牛郎织女相会，若无公鸡报晓，他们便能永远不分开。

（二）节日习俗与传说的结合

七夕节日习俗花样繁多，生动有趣，而这些各式各样的习俗主要是从牛郎织女的传说中得到灵感而创造出来的，它们都与牛郎织女的传说紧密相连。究其

原因，有以下几点：

第一是经济原因。我国古代是自给自足的自然经济，纺织是古代妇女日常生活中一个重要的组成部分，所谓的"男耕女织"便说明古代的男子多外出耕种，而女子在家纺织，聊以为生。正是由于纺织对于古代女子的生活意义重大，因此她们十分期望自己能拥有高超的纺织技术。而织女是人们心中纺织技术最高的人，因此许多女子便在七夕之际进行乞巧，以期望自己也拥有像织女那样的技术，能织出美丽的布匹。

第二是文化原因。在我国古代，自由恋爱通常是不被允许的，许多婚姻都是父母之命，媒妁之言，缺少了爱情的参与。然而，人们追求爱情的天性是无法扼杀的，既然现实生活中无法实现，青年男女们便将自己的爱情寄托于神话传说、小说戏曲当中，在别人的爱情故事中满足自己对自由美好爱情的渴望。

牛郎织女的爱情正是象征了对封建包办婚姻的反抗，对自由爱情的追求。而七夕节那天，青年男女在树下祈求美好爱情的民俗，便是对美好爱情的渴求。

于是，我们可以在七夕的许多节日习俗中看到牛郎织女的影子。

譬如，乞巧的习俗。少女们在七夕当天举行乞巧活动，就是根据传说中织女善于纺织，能织出五彩缤纷的美丽布匹而来。牛郎织女的传说深深植根到我国的民间文化中，植根于人们的观念中，于是人们根据脑海中牛郎织女的传说情节以及他们对美好纺织技术的渴望，便创造出在七夕节日当天乞巧的习俗，并在世世代代的流传中，不断丰富乞巧习俗的形式。人们在乞巧时，不仅是祈求自己拥有像织女那样精湛的纺织技术，同时，它也反映了人们对美好爱情的向往。

又比如，种生求子的习俗。传说中

牛郎织女有两个孩子，一儿一女，这种家庭模式是人们心中理想的家庭模式，许多百姓都希望自己也拥有这样的家庭。于是，在七夕当天，许多妇女都会像牛郎织女两位神仙祈求，希望他们能帮助自己实现生养子女的愿望。于是，我们在这一习俗中可以看到，人们将牛郎织女以及他们的子女的蜡像放于水中，称为"水上浮"。

每到七夕那天，就会有许多少男少女在树下祈求自己的美好爱情赶快到来，这实际上就是来自牛郎织女的传说。传说中，牛郎在树下可以听到仙女们的谈话，可以让织女看到自己，可以说树下是牛郎织女浪漫的场所。在传说的影响下，少男少女们也模仿牛郎的做法，在七夕之夜，来到树下，悄悄祈求自己的梦中情人。可以想象，古代七夕之夜的树下，一定是十分美好而浪漫的。

此外，同样的习俗在不同地区，细

节上略有不同。这是因为，传说在世世代代的流传过程中，由于地区的接受差异，而发生了许多变异。变异性是民间文学的根本特性之一，包括传说在内的任何有生命的民间文学作品，都要从一个地方到另一个地方，从一个民族到另一个民族。而人们对于传说，既是它的读者，同时又是它的再次创造者。人们由于自己所处的地区不同，民族不同，自身的个性便不同，而在接受和流传传说的过程中，便将自己的个性解读加工到传说当中，使得传说在各地产生了差异和变异。牛郎织女传说之所以在各个地区有着不同的地区差异，正是由于人们在其传播过程中加入了本地区的个性化再创造。在某些地区，牛郎织女的传说与端午节联系在一起，便是当地人们的再创造。黄河流域地区，把"七夕节"称为"女儿节"。相传这一天，出嫁的女儿都要被接回娘家，如果被王母娘娘发现小夫妻长久同居，那么她便会强令分开小夫妻的。在广西等地，"七夕"又称"双七节"，那里七夕的主要习俗不是乞巧，而是贮水，人们认为用七夕当天贮藏的水洗澡，可以祛除一切疾病。而福建和浙江两个相邻的地方，同是七夕乞巧，又有各不相同的风俗。在福建地区，大人们会把七夕乞巧的供食分给孩子们，认为孩子们吃了巧食可以增进友爱，不会吵架；而在浙江地区，则要专由外婆送给孩子巧食吃，这样，吃了巧食的孩子便会生巧了。

除了牛郎织女的传说，魁星的传说也与七夕的某些习俗紧密相连。每到七夕，许多读书人都会拜祭魁星爷，这是因为传说中魁星掌管文事，他可以左右读书人的命运。于是，在传说的影响下，读书人会在魁星生日那天，也就是七夕，祭拜魁星，希望魁星保佑自己能够高中状元，从此步入仕途，光宗耀祖。

三、七夕诗话

（一）七夕诗词

历代文人墨客根据牛郎织女爱情故事的内容，截取与自己心境相通的一点写进诗文，创造了许多流传千古的七夕诗篇。除了在上几章中已经提到的《迢迢牵牛星》等，下面再介绍几首脍炙人口的七夕诗词：

秋 夕

杜牧

银烛秋光冷画屏，

轻罗小扇扑流萤。

天阶夜色凉如水，

卧看牵牛织女星。

　　这首诗写宫怨，但写得含蓄委婉，不动声色。初秋时节，屋内烛光摇曳，那摆在一隅的画屏被染上了一层冷清的色泽，身穿轻罗衣衫的宫女执小团扇，在屋外轻盈地扑打流萤。夜色渐深，凉意渐浓，她满怀心事侧卧在石阶上，痴痴地仰头观看银河两边的牵牛、织女星。诗歌通篇未写一个"愁"字，而愁情浓郁，意在言外，极尽委婉含蓄之致。清人孙洙评此诗说："层层布景，是一幅暮色人物画。只'卧看'两字，逗出情思，便通身灵动。"

辛未七夕

李商隐

恐是仙家好别离，

故教迢递作佳期。

由来碧落银河畔，

可要金风玉露时。

清漏渐移相望久，

微云未接过来迟。

岂能无意酬乌鹊，

惟与蜘蛛乞巧丝。

本诗从猜测仙家的心思入手，指出有离别之苦，才有佳期之乐。然后转到描写佳期的喜庆气氛，以及企盼团圆的心情。最后想到民间风俗，问："既奉出食品，让蜘蛛代为乞巧，那又如何答谢搭鹊桥的乌鹊呢？"本诗妙在用语，如用"碧""金""银""玉"烘托喜气，用"久""迟"表现企盼心情。

鹧鸪天·七夕

晏几道

当日佳期鹊误传，至今犹作断肠仙。桥成汉渚星波外，人在鸾歌凤舞前。

欢尽夜，别经年，别多欢少奈何天。情知此会无长计，咫尺凉蟾亦未圆。

本词从宋朝关于鹊鸟误传使牛郎织女每年只有一天相聚时间的说法入手，先写鹊鸟误传的遗憾，后写分别的离愁别恨，指出牛郎织女虽有相会，但终归是悲剧。

鹊桥仙

秦观

纤云弄巧，飞星传恨，银汉迢迢暗度。金风玉露一相逢，便胜却人间无数！

柔情似水，佳期如梦，忍顾鹊桥归路。两情若是久长时，又岂在

朝朝暮暮!

《鹊桥仙》是专为吟咏牛郎织女的爱情传说而作。

上片写佳期相会的盛况,前二句为牛郎织女每年一度的聚会铺垫气氛,笔法简练轻盈。"银汉"句写牛郎织女鹊桥相会的情景。"金风玉露"二句由叙述转为议论,表达了作者对爱情的看法:牛郎织女虽然很难相聚,但是却非常珍惜彼此之间的感情,每次的相聚都是那样的珍贵和感人,这难道不胜过许多长相厮守,貌合神离的夫妻吗?

下片写牛郎织女的依依惜别之情。前两句既写了眼前依依惜别之景,也写了两人内心的依依不舍之情。最后二句表达了作者对牛郎织女的安慰和鼓励:只要两情不渝,又何必苛求朝朝暮暮呢?这一句升华了本词的思想感情,可谓惊世骇俗、振聋发聩之笔!

这首词将抒情、写景、议论融为一

体。构思巧妙，另辟蹊径，以其超凡脱俗的爱情理想被千古传诵。

（二）七夕诗词背后的故事

1.唐明皇与杨贵妃的爱情故事

除了牛郎织女的传说，七夕诗词中还包含了许多同样生动的故事，最著名的当属唐明皇与杨贵妃的爱情故事。

马 嵬（其二）

李商隐

海外徒闻更九州，

他生未卜此生休。

空闻虎旅传宵柝，

无复鸡人报晓筹。

此日六军同驻马，

当时七夕笑牵牛。

如何四纪为天子，

不及卢家有莫愁！

长恨歌（节选）

白居易

含情凝睇谢君王，

一别音容两渺茫。

昭阳殿里恩爱绝，

蓬莱宫中日月长。

回头下望人寰处，

不见长安见尘雾。

唯将旧物表深情，

钿合金钗寄将去。

钗留一股合一扇，

钗擘黄金合分钿。

但教心似金钿坚，

天上人间会相见。

临别殷勤重寄词，

词中有誓两心知。

七月七日长生殿，

夜半无人私语时。

在天愿作比翼鸟，

在地愿为连理枝。

　　天长地久有时尽，

　　此恨绵绵无绝期。

　　七夕是牛郎织女相会的时刻，也是天下有情人海誓山盟的时刻。就在这一天，唐明皇与杨贵妃在长生殿盟誓，这段别具一格的爱情故事，在七夕诗词中也经常用到，如我们上面列到的李商隐与白居易的两首名诗。李商隐《马嵬》诗中写道："此日六军同驻马，当时七夕笑牵牛。"将七夕盟誓与马嵬兵变对照来写，对唐明皇进行了辛辣的嘲讽。而白居易的《长恨歌》更是详细叙述了唐明皇与杨贵妃两人的爱恨情仇，诗歌的最后写出了流传千古的爱情名句："在天愿作比翼鸟，在地愿为连理枝。天长地久有时尽，此恨绵绵无绝期。"

　　在唐明皇与杨贵妃之间，究竟发生了怎样的爱情故事呢？

　　历代帝皇，后宫佳丽三千，很难说有真正的爱情。但唐明皇和杨贵妃却上演了一场轰轰烈烈、生离死别的爱情故事。

唐玄宗李隆基，能文能武，才智超群。他在位二十多年，呕心沥血，使得太平世界胜于贞观之时，并将年号开元改为天宝。而后他便每日笙歌宴乐，快慰平生。在一次宫廷宴乐中，他发现跳霓裳羽衣舞的杨玉环不仅舞跳得十分美丽，而且有闭月羞花、沉鱼落雁之貌，顿时心动，于是想把她占为己有。但是，当时的杨贵妃是唐明皇儿子寿王的王妃，唐明皇碍于她是自己的儿媳而不便明目张胆将其纳入宫中，于是唐明皇命杨玉环出家，脱离寿王，再以"杨太真"身份入宫。从此，杨玉环"三千宠爱在一身"，并于745年被册封为贵妃。唐明皇对杨贵妃十分宠爱，自从有了杨贵妃的陪伴，他便不再过问国事，经常不上早朝，这引起了群臣的不满。杨贵妃十分喜欢吃荔枝，于是唐明皇命令官兵快马加鞭

到南方为杨贵妃摘取最新鲜的荔枝，便有了"一骑红尘妃子笑，无人知是荔枝来"的典故。不仅如此，唐明皇爱屋及乌，杨贵妃的义兄和姐姐都受到唐明皇的偏爱，尤其杨国忠，被唐明皇委以重任，以致一人之下，万人之上。可是，杨国忠却非良臣，他在任期间，贪赃枉法，作恶多端，朝野上下一片混乱，为以后的安史之乱埋下了祸根。

唐明皇毕竟是皇帝，有着三宫六院，他偶尔也去别的宫里。一次，唐明皇与杨贵妃约好去百花亭赏花，然而在去的途中，唐明皇突然转道去了西宫梅妃那里。这使得杨贵妃非常伤心，独自饮酒。在太监高力士的建议下，杨贵妃剪下自己的一缕青丝送给唐明皇，表达自己的伤心之情。唐明皇看后，十分后悔，特地去看望杨贵妃。时值七夕，杨贵妃到长生殿为唐明皇祈祷。这一幕被赶到的唐明皇看到，大为感动。于是二人重归于好，对天盟誓，永不分离。

安史之乱爆发后，唐明皇在御林军的护卫下，被迫携杨贵妃逃离长安南下西蜀，途中驻扎马嵬驿。御林军统领陈玄礼诛杀了杨国忠，并要求诛杀杨贵妃，因为他们认为杨国忠和杨贵妃是安史之乱的始作俑者。唐明皇当然不会同意，于是与陈玄礼发生了激烈的冲突。唐明皇力保杨贵妃的事情引起了广大官兵的不满，不满的御林军冲进唐明皇的帐篷中，企图诛杀杨贵妃，而唐明皇却用自己的身体来阻挡前来的御林军。在如此危急的情况之下，杨贵妃为了保全唐明皇的地位和生命，甘愿死去，她唯一的愿望便是死后葬在梨树之下。也许是因为形势已不可逆转，也许是见杨贵妃去意已决，也许是为了保全自己，唐明皇最终同意诛杀杨贵妃。就这样，杨贵妃以她的死换取了唐明皇的生和御林军的前行。

安史之乱平息后，唐明皇被迫下野，当了太上皇。不当皇帝的日子里，他倍感孤独和世态炎凉，因此更加思念杨贵妃，也更加懊悔。唐明皇日夜思念杨贵妃，苦苦追寻着杨贵妃的灵魂，却不能如愿。于是，一天，唐明皇请来一位画师为杨贵妃作画。画师的技艺非常高超，画中的杨贵妃仿佛真人一样。看着画中人，唐明皇不禁潸然泪下。哭着哭着，他进入了梦乡。睡梦中，他梦见自己来到了天上，走到嫦娥居住的月宫，四周仙气缥缈。这时，杨贵妃身披仙衣，宛若嫦娥般缓缓地向他走来。于是，两人重归旧好，在梦中，在天上，再续前缘。

2. 王子乔修道成仙的故事

鹊桥仙·七夕送陈令举

苏轼

缑山仙子，高情云渺，不学痴牛呆女。凤箫声断月明中，举手谢、时人欲去。客槎曾犯，银河微浪，

故三司副使吏部陳公
軾不及見其人然少時所
識一時名鄉勝士多推
尊之尒来前輩凋喪
略盡徃徃誦
公者漸不復見得甚
理言遺事皆當記錄
寶藏以其文章乎
公之孫　師仲錄
公之詩廿五篇以示軾三
復太息以想見
公之大略云元豐四年十
一月廿二日眉陽蘇軾書

尚带天风海雨。相逢一醉是前缘，风雨散、飘然何处？

"缑山仙子"指的是周灵王的太子王子乔。王子乔出身贵族，本姓姬，名晋，字子乔，大约生于公元前565年，卒于公元前549年。

王子乔天资过人，虽然身为太子，但性格温儒，待人随和。在15岁的时候，王子乔便以太子的身份辅佐朝政。由于他政治才能十分突出，处理问题胆大心细，而且尊重老臣，待人宽和，因此，

他不仅受到父王的重用，大臣们也十分佩服他。然而，一次水患却改变了他的人生轨迹。公元前551年，谷、洛二水泛滥，来势凶猛，仅几天便吞并广大土地，并很快要殃及到皇宫，情况十分危急。在此情况下，周灵王决定用阻塞河水的方式治理水灾。王子乔听到父王的决定后，提出反对意见，他认为阻塞是绝对不可以的，而应该采用疏导的方法。为了说服父王，他举出鲧阻塞治水导致灾情严重，最后被舜赐死的故事。太子晋的直谏，触怒了灵王，灵王一怒之下，将王子乔贬为庶人，王子乔的地位从此一落千丈，他因此郁郁不乐，不到三年便死去了。被贬之时，王子乔曾对友人说："我在三年之后，将上天到玉帝之所。"果然不到三年，讣报的使者就到了晋国。

到了唐朝，武则天封太子晋为仙太子，并为他立庙。即现河南偃师县缑氏山升仙太子庙，亦称仙君观。两千多年来，太子晋成了正义的象征。

　　因王子乔料事如神，后人便说他死后成了神仙。《列仙传》也有这样的记载："太子晋好吹笙，作凤凰鸣，游伊、洛间，道士浮丘生引上嵩山，三十年后见到恒良，太子晋说：'可告我家，七月七日会我于缑氏山麓。'其时，果然身乘白鹤立于山巅，可望而不可达，数日方去。"意思就是说，王子乔喜欢吹笙，一次在旅游途中，被一位道士领上嵩山，从此过上了神仙般的生活。三十年后见到朋友恒良，对恒良说："请你转告我的家人，让他们与我于七月七日在缑氏山相聚。"七月七日那天，王子乔的家人果然见到他乘着白鹤伫立于山峰，过了好几天才离去。

　　虽然只是传说，但是从中我们可以看出人们对王子乔的喜爱，和对他正直为民人格的敬佩。善良的人们不希望好人就这样含恨死去，于是便说他死后升

天成仙，表达了人们美好的愿望。

3.李煜七夕赋诗招祸的故事

南唐后主李煜因七夕时节赋诗，竟招来杀身之祸。

李煜是五代十国时期南唐的最后一位皇帝，南唐元宗李璟第六子，史称后主。李煜虽然在政治上无所作为，但是因他父亲李璟的遗传和影响，他在艺术上却造诣非浅——"工书法，善绘画，精音律，诗和文均有一定造诣，尤以词的成就最高"，代表作有《虞美人》《相见欢》《乌夜啼》《浪淘沙》等。李煜后期的词更是将词的创作向前推进了一大步，扩大了词的表现范围。

李煜不仅是一位著名的词人，他还是历史上有名的情圣。虽然身为帝王，李煜还是一位对感情很专一的人。他一直钟情于自己的皇后——大周皇后，直到大周生病，最终离开人世。而后，他又只钟情于大周的妹妹小周，一直到自己死去。但是，在爱情方面，他也有做得不对的地方，曾经深深地伤害了他爱的人，这个人便是大周皇后。李煜和大周皇后的夫妻感情一直很好，两人相处得十分愉快，可是好景不长，大周皇后最后因意外失子之痛病倒了。为了照顾大周，李煜便命大周的妹妹小周到宫中照顾姐姐。小周和大周一样貌美如花，而且与姐姐相比，她更加开朗活泼。在小周和李煜共同照顾大周期间，两人产生了爱情，可是因为大周尚在人世，二人只能在月下偷偷相会。可是，这又怎能逃过大周的眼睛呢? 就这样，因为病重，也因为被丈夫和妹妹之间的爱情深深伤害，大周最后含恨离开了人世。

开宝八年，南唐被北宋所灭。李煜及家人以俘虏的身份被押往汴京，名义上被宋太祖封为左千牛卫将军、违命侯，实际上从此以后，李煜过着寄人篱下，艰难屈辱的日子。宋太祖经常把他召到

身边，让他与宋朝的文人比试作词。由于李煜的词作水平非常高，北宋学者无人能及。这使得宋太祖十分恼火，便经常讽刺他说："再会做诗，也只是亡国之君。"这时的李煜总是倍感屈辱。不仅如此，李煜在北宋生活期间，虽然随身携带了一些钱财，但是他心地善良，南唐以前的许多臣子找他借钱，他都非常慷慨地赠与他们，渐渐地，他从南唐带来的钱花光了，为了养活家人，李煜只好硬着头皮去找宋太祖借。宋太祖最开始还施舍给他一些生活费，后来次数多了，宋太祖就不再那么慷慨了，只是象征性地施舍给他一些，这使得李煜的生活举步维艰。而更让李煜难以忍受的是，继承太祖之位的宋太宗赵光义觊觎小周后的美色，经常叫小周后到自己寝宫侍寝。每次回来，小周后都会在李煜面前泪流满面。面对着伤心的爱人，李煜为自己感到深深的懊悔和悲哀——身为一国之君，他不能保住一国的人民；身为一个男人，他连自己心爱的人也保护不了。李煜的内心将是多么的凄凉和悲愤！

978 年，南唐旧臣徐铉奉宋太宗之命去探望李煜。李煜见到了自己的旧臣，不禁感慨自己寄人篱下的生活。这话被徐铉禀报给宋太宗，宋太宗闻后十分生气，心想："好你个李煜，我对你不薄了，不仅没有下令杀了你，而且还供养着你的全家，你还不知足，还一再抱怨。"当年七月七日李煜生日那天，李煜将跟随自己到北宋的宫女们都叫到一起相聚，聚会上他含泪吟诵自己的绝笔——《虞美人》。

虞美人

李煜

春花秋月何时了，往事知多少。小楼昨夜又东风，故国不堪回首月明中。

雕阑玉砌应犹在，只是朱颜改。

问君能有几多愁，恰似一江春水向东流。

这件事很快便传到了宋太宗的耳中，宋太宗非常恼怒，于是便赐李煜牵机毒酒一杯，差徐铉送去。李煜服后，全身抽搐，状极痛苦，不久便带着巨大的悲痛和懊悔离开了人世。

李煜死后，人们将他葬于洛阳北邙山。小周后悲痛欲绝，不久也随他西去，最后只留下一江春水向东流……